WASIYATNAMA

NASEEHAT MERE WALID KI

SAMIRA NOOR

BookLeaf Publishing
India | USA | UK

Made with ❤ on the BookLeaf Publishing Platform
www.bookleafpub.in
www.bookleafpub.com

Dedication

MERE WALID-E-MOHATARAM JANAB MOHAMMED IRSHAD SAHAB KE NAAM ,

MERE WALID AAP JANAB "MOHAMMED IRSHAD SAHAB", RAJASTHAN POLICE MEIN ATIRIKT POLICE ADHIKSHAK KE PAD SE SEVANIVRRATT ADHIKARI THE, AAPNE APNI ZINDAGI KE LAGBHAG 40 SAAL POLICE MEHEKMA AUR JANTA KI KHIDMAT MEIN POORI IMAANDARI K SATH KAAM KIYA.AUR YE MERE LIYE BA-IZZAT-E-SHARF HAI KI AAJ BHI AAPKA NAAM POLICE MEHEKME MEIN BADI IZZAT KE SATH LIYA JATA HAI .

AAPKA WAJOOD AAJ IS DUNIYA MAIN NA SAHI, PAR AAPKI DI HUI HAR NASEEHAT MERE LIYE AMANAT-E-WASIYAT HAI.

"MAIN YEH 'EHAD' KARTI HUN KI JAB TAK YE 'WASIYATNAMA' ZINDA HAI, AUR JAB TAK MAIN HOON, AAPKA NAAM AUR AAPKA FALSAFA KABHIE

KHATAM NHI HOGA.

AAPKA PYAAR AUR ZINDAGI KO DEKHNE KA NAZARIYA HI ISS TAKHLEEQ KI PEHLI WAJAH HAI AUR YE KITAAB AAPKI MUQADDAS YAAD MAIN HAMESHA RAHEGI.

*MAIN 'TEH-E-DIL' SE UN SABHI AZEEZ LOGON KI SHUKRGUZAAR HUN JINHONE WALID SAHAB KI HAYAAT MAIN UNKA SATH DIYA AUR UNKE PARDA FARMAANE KE BAAD BHI MERE PARIVAAR KE LIYE EK HAUNSLE KI DEEWAR BANKAR KHADE RAHE. KHUSOOSAN MERE WALID KE WOH DO DOST, **JANAB SHAKEEL AHMED SAHAB** AUR **JANAB MAQBOOL HUSSAIN SAHAB,** JINHE AKSAR MAIN MAIN BAAZU KEHTI HUN APNE WAALID KA, INKA BACHPAN SE YAHAN TAK KA SAFAR MERE LIYE EK SEEKH KI MAANIND HAI. MAIN SAMAJHTI HUN JAB BHI MUJHE KOI MUSHKIL PESH AAEGI TAB AAP DONO 'TAQAT' AUR 'REHNUMAAI' KE DO SUTOON KI TARAH MERE SATH KHADE RAHENGE.*

AUR EK PYAAR BHARA SHUKRIYA MERI CHOTI BEHN ILMA NOOR AUR ANAM QURESHI KA "SHAYAD TUMAHRE PYAAR K BINA YE NAMUMKIN THA.

AAP SAB KA PYAAR AUR SATH MERE LIYE EK ANMOL TOHFA HAI

SHUKRIYA

SAMIRA NOOR

Preface

*YEH KITAAB "**WASIYATNAMA**" MERE LIYE SIRF ASH'AAR KA EK MAJMUA NHI,BALKI MERE WALID-E-MOHTARAM KI HAYAAT KA WOH MUSTAQIL AQS HAI, JISE MAIN LA-FAANI RAKHNA CHAHTI HUN .ISS SAFAR KI IBTIDA MERE DIL KE GEHRE GHAM SE ZARUR HUI , LEKIN ISKA ANJAAM UNKE DIYE HUE HAUSLE AUR ROSHNI MEIN HAI.*

MERI TEHREER KI WAJAH UNKI DI HUI HAR NASIHAT HAI . UNKA **ZINDAGI JEENE KA HUNAR , HAASIL-E-ILM KI TAUFEEQ** *AUR* **HAQ PAR CHALNE KA SABAQ** *,INHI KO MAINE APNI ZAAT MAIN SAMA LIYA .YE KITAAB MERE WALID KI WOH AWAAZ HAI JISE MAIN AB SUN TOH NHI SAKTI PAR IN ALFAZOIEN KE ZARIYE UNKI GOONJ DUNIYA KO ZARUR SUNANA CHAHTI HUN.*
UNKE KHYAALAT AUR FALSAFE MERE LIYE EK AMANAT THEEN JINKO MAINE APNI IS KITAAB KI SHAKL MAIN DUNIYA K SAAMNE PESH KIYA HAI.

YE KITAAB MERE LIYE JITNI SHAKHSI HAI UTNI HI ALAMGIR BHI, KYUNKI YE SIRF UNKI YAAD MAIN LIKHI GAI KITAAB NHI BALKI PESH-E-FALSAFA HAI JO CHALNA CHAHTE HAIN DHOOP MEIN, CHAANV

MAIN AUR DATE HUE HAIN APNI MANZIL KI JAANIB POHONCHNE K LIYE.MAIN DIL SE KHWAHISH-MAND HUN KI MERA YE KALAAM HAR PADNE WAALE KO SUKOON DE AUR WOH IS REHNUMAI SE SACCHA ZOD MEHSOOS KAR SAKIEN.

MERI DUA HAI KI JISS TARAH UNKA ILM MERI HAYAAT MAIN MERI ROSHNI AUR HIMMAT BANKE UBHAR RAHA HAI USI TARAH YE KITAAB BHI AAPKE SAFAR MEIN AAPKA SACCHA SAATHI AUR MASHAAL BANKAR AAPKI REHNUMAAI KARE.

Acknowledgements

TO MY FAMILY AND FRIENDS

YE MERA AAGAZ-E-SAFAR HAI, AUR YE UN SAB KE NAAM HAI JINHOIEN MUJHE HONSLA DIYA .MERI DUNIYA MERE AHL-E-KHANA HAI AUR AAP SAB KA AETIMAAD MERI SABSE BADI DAULAT HAI.

TO MY FATHER

MUJHE APNE SER PER AAPKA HAATH MEHSUS HOTA RAHA ISLIYE MERA KALAM CHALTA RAHA

AUR AAKHIR MAIN DIL SE SHUKRIYA "BOOK LEAF PUBLISHING " KA JINHONE MUJHE YAHAN TAK AANE KA MAUKA DIYA, MERE KHAAB KO HAQEEQAT MEIN BADLA.

1. AAGAZ

Ab aagaz-e-sukhn-e-safar par sawaar hun main
Koi urooz nhi zawaal nhi bas parwaaz hun main
Dastangoi karun ya likhun kissa naya
ya kahun sarfiron si bebaak si naadan hun mai ,

Kuch chali qadam,giri phir sambhli
Kahin unkahi rahooien pe phir bedhadak nikli
Kuch roshan kiye ujaale phir andheron se ja ghiri
Shayad Chand si ujli aur Suraj si nidhaal hun mai ,

Khula jo unki naseehat ka pitara khamoshi bhi cheekh gai
Apna aasman khokar main bhi kuch adhoori si reh gai
Karke mere sitaare buland khud sitara jo ho gae
Mere waalid shayad mera humsaya ho gae ,

Umeed ki sargoshi par zara hi samai hun main
Kyunki duniya kehti hai shayad unhi ki parchaai hun main ...

2. RIWAYAT-E-HUKM

Na tasavvur, na tafseer se niklega
Humare paaon ka kaanta hai ,hum hi se niklega
Dard,chubhan, lahu ye sab mutasir hain humse
Hum door bi karna chahien toh ham hi par simtega,

Har zakhm ki aad main sil rahe hain adr
Jab khulenge ye taanke toh karhaana bhi hum hi par niklega
na chal sake jo qadam dar qadam tumhare
us haath ka sahaara kahan dam bharega ,

Aao toh thodi ulfat lete ana
baarish ka silsila abhi ufanta milega
Maine kaha "Jannat" ab bhi dur khadi hai mujhse
Awaaz aai "maa" hai na
Jhuka de ser wahin, silsila-e-mehnat toh usi dar milega ...

3. PAIGAM-E-MOHABBAT

Har qatra sulag raha zameen ka
Aakhir kis rang se range hain tumhare hath
Jo banna hai toh ban jao
Adsaah Makhroot-e-Mustawi ka
Ki jab guzro toh bikhar jae rang hazaar,

Ya ban jao us aab ki maanind
Jo dhal jae insaniyat k saanche main har baar
Kai baar mazhab k paasban bane ho
Ab bacha bhi lo makhlooq-e-qaainat

Kyunki na phir koi rang bachega,na koi firqa unkareeb
Aur phir kya jodoge kya ghataoge is sifar k bazaar main..

4. MERA TAAROOF--BEWAQOF

Kaun hote hain ye aala darze k kamzarf
Aur aakhir kis duniya se aae hain
Kyunki jis duniya se hum talooq rakhte hain
Wahan shayad ye napasand kiye jaate hain
Ya shayad peeche dhakel diye jaate hain,

Aakhir kis duniya ka hissa hain ye
Woh jo us "MA-ABOOD" ne banai h
Ya woh jo hum jaise khudaoien ki den hain
Chalo maan liya hissa toh hain,

Ab zara apne aas paas nazrien ghoomaiye
Shayad aapko bhi inka deedar ho
Aur kya pata inke bade kaan aur lambi naak ho
Aur kya hi pata inka wajood hi gumnaam ho ,

Ab ek tuk zara khud main bhi jhaank lo
Ho agar mehsoos tumhen bhi kuch toh waqt par khud ko pehchaan lo

Aur phir ye nikal padte hain usi wajood ki talaash main
Kabhie khud se toh kabhie apno se ulajh padte hain

Hum bheed nhi hain bheed ka ek hissa hain
Jo chale hain likhne apni kahaani mehaz usi ka ek qissa hain
Kya lagta hai kuch kar guzarne ki chaah inme nhi hogi
Aur kya gamgeen shaamoien main inki palke na bheegi hongi

Har roz nae honsle ki ladai ye ladte hain
Aur zamaane ki nai nai reeton se ulajhte hain
Kabhie waliden toh kabhie doston main ruswa kar diye jaate hain
Par hum bewaqoof hain mere dost agle hi pal musqura diye aate hain

Haaron ka sailaab aur na umeediyon ka samandar roz sath chalta hai
Par inki zaat kya jhuke wahan
Jahan inki rehnumai khud "AALAM-E-KHUDA" karta hai ...

5. KALAM KA SAFAR

Kalam se dastan goi aur alfazoien se bayaan-e-haqiqat
Ye syaahi Nahin hai ,yeh lahoo hai fikron ka
Jo behta hai kaagaz par ilm-o-hunar ki tarah
Ye aaina hai us har shakhs ke jazbe ka
Jo likhna chahte hain apne har tajurbe ki kahaani, apni zubani,

Chala hai, Mera bhi sukhn-e-Safar usi raah ki aur
Jise waqt ne rakha tha muzmar karke
Giraanbaarii k waqt aakhir gum-gusaar kaun tha
Main bhi toh dekhun mera qadrdaan kaun tha
Koh-e-kaaf main jhanka,na tha kuch mira khuda tha,

Kalam-e-daastan ek qarz-e-ada hai
Jo ehsaas ko mere izn-e-rihaa kar raha h
Aur manzil ka apni pata de raha h
Main bekhabar thi apne hi khwaboien se
Ek tinka hai jo manzil ka meri mujhe pata de raha hai,

Main likhne chali hun apni ek kahaani

Jo hain nhi duniya main shayad unki zubaani
Woh de gae mujhe apna kalam aur kahaani
Rukhsat hue kehkar "MERA BETA" "MERI RANI"

6. DUA-E-HAAJAT

Andhi hai manzil,aur dhundla hai safar
mushkilen hain kai,meri zaat hai beasar
Use kiska doon waasta jo mulk-e-qaaenaat ka hai maalik
Dhund rahi hun Maaaz mai bhi ban jae jo koi sar-sabaz

Tu bata kon hai mera sahaara tere siwa
Tu hi bata kiske dar par jaun main ae khuda
Kahin toh tu hi meri zarra-e-pareshaani ko aasan karde
Kahin toh tu mere bhi poore armaan karde

Ae mere parvar digaar main rahi teri bandi teri rehmat k intezaar main
Shukr tera har waqt khuda rakhe tu jis haal main
Tu sun le meri fariyaad ae Gafoor-ur-raheem
Mere kun pe bhi ab Faya-Kun ka eajaaz ho

Ab kis manzil ki jaanib chalun
Ki apni Maa ki himmat,aur Waalid ka baazu banu
Khair-o-aafiyat se ho ye ghonsla humara
Meri behn musquraae aur roshan ho aangan sara

Hai meri tujhse ye iltija, mire khuda
Manzil saaf aur safar aasan karde
Meri dhundli nazar-e-aain ko tu ab saaf karde
Thak gai hun ab apni nakaamiyon se
Ab toh tu mire Haq main bhi insaaf karde ...

7. MAFAQAT-E-AMAAL

Kabhie musquraae, kabhie kone main ro liye
Na maanga sahara, na shokhi main jeeye
Mafakat-e-amaal k intezaar main kabhie zaar hue
kabhie bezaar hokar so liye,

Duniya ne bhi dekha humien Dil-e-na-kardaa-kaar ki maafic
Aakhir kon samajh paya hai uske "Irshaad"ko yahan
Na kisi ko khamoshi sunaai di na bole mere alfaaz
Hum the ek deewar ki maanind ,jiske peeche chipa tha ek raaz ,

Jab ilhaam hua ki kya mila is sabr se
humne kaha ek umeed ka paaidaan, jo chamak raha hai is siyaah raat main
Ye woh safar hai jiska koi mukaam na tha ,woh intezar jiska koi naam na tha
Ye roshni hai us qissa-e-aakhir ki, Jispar chalna kabhie mira intikhaab na tha

Jab hosh aya toh Mafakat-e-Amaal ka lamha-e-taqdeer
aa chuka tha
Ab zulmat se nikalne ka waqt jo kareeb aa chuka tha
Na thake, na ruke ,na ghabraye hum guzar gae har
aazmaish se
Ab qudrat ka dastoor badalne ka shor aa chuka tha

Jo roye the kabhie kone main sisak kar
Un aakhoien se ab noor barasne ka waqt aa chuka tha
Aur jo sapne reh gae the adhoore Ibrat-e-haasil main
Unki chamakdaar haqeeqat main dhalne ka waqt aa
chuka tha ...

8. NISBAT:EK BAAP KI DAASTAN

Khamosh rishton ki woh shayad pehli raat thi
Haan ! pehli baar thi,shayad har deewar main kuch toh baat thi
Aaj dil ki zameen par veeraniyon ka pehra hai
jabki us daur ka ehsaas ab bhi kitna gehra hai,

Suno bete ,woh daur hi tha asal zamana-e-aali
Jahan khilte, haste aur musquraate the pote aur naati
Ek choolhe ki aag se roshan tha sansaar humara
Abba ki chhat thi aur amma ka tha main dulaara,

Waqt ki chaadar bhi tab saanjhi aur sunehri thi
Kamai bhale hi kam ho par aafiyat usme gehri thi
Wahan rishta na tha koi shart-o-dhaam ka mohtaj
Woh mohabbat thi humari jo dekhti na thi riwaaz,

Aaj tumhare dar-o-deewan biyabaan hain
Tumhare dil murde chalti bas zubaan hai
Har rishta ab khud ki marzi aur waqt par mehrbaan hai

Ghar bade zaroor hue par dil ki mehmaan nawaazi choot
gai
Ye laalach ki daud tumhe naya hi daur de gai

9. MERE CHASHM-O-NOOR----MERI UMEED

Hashr-e-maidaan main daudna sabko hai
Toh pul-e-siraat ki umeed se chalna
Girne k darr se kabhie haq ka raasta mat badalna
Junoon Khuda-e-wisaal ka rakhna
Har safar yaqeenan tanha na hoga
Tum apne honsle ki ladai zarur ladna ,

Jab ladkhadao toh saaya mera paaogi
Jab thak jao toh falak se rehnumai aaegi
Darna maine tumhe sikhlaya nhi
Kisi se kam tumhe dikhalaya nhi
Tum mera aaina ho ,tumse hi duniya dekhunga
Jab samjho main dur hun toh dum bhar khud main jhaank lena

Tum meri umeed,mera zarf mera jahaan ho
Yaqeenan jaldi chala gya hun par arsh-o-zameen par sath hun
Khud ko akela mat samajhna main har safar ka aaftab

hun
Yaqeen hai mujhe khud par tum meri misaal ho
Tum meri mehnat aur khuda ka kamaal ho

Mujhe maayoos na karna kabhie
Sada farmabardaar rehna, ilm-o-deen ki tum sada talabgaar rehna
Miskeen-o-yatama se sada rahe mohabbat shaffakat tumari
Muflison,mushfikon aur dard manndoien ki tum sada perokaar rehna
Guroor-o-takabbur chue na kabhie lehza tumhara
Yaqeenan khushiyon se bhara rahega daaman tumhara ...

10. DO SUTOON-E-WAFA

Do naam hain jo shayad meri rooh ki asaas hain
Mere waalid ki daastaan-e-hayaat ka unwaan hain
Woh unke bachpan ka sarmaya hain
Jo aaj talak mera humsaya hain
Woh hi the unke safar k saathi ,har saa'at ke nigehbaan
Har qadam sath chalte the teeno ,banke ek doosre k paasbaan,

Jab keh rahe the woh saare aalam ko alvida
Jab yak-lakht simta saya jo ser par tha
Phir inhonien thama woh daaman-e-bekasi
Us fareeza-e-ubuwwat ko yoon iktiyaar kiya
Goya us yaar se koi qaul-o-qaraar kiya ,

Duniya unki bhi looti thi aakhir lakht-e-jigar jo gya tha
Jaate jaate bas unhi se kuch keh gaya tha
Unhonien us baar-e-giraan ko ba-sadaaqat sambhala
Walid ki har mohabbat ka aks aapke paas hai
Aap dono ke wajood se har mushkil qubool hai

Aap dono mere sarparast, mere kabile ka waqar ho
Mere walid ki azmat ke aainedaar ho
Ye ehsaan mujh par laa-zawaal rahega
Aapki qadr ka jazba hamesha bahaal rahega
Isi uns-o-mohabbat par sadqay hain hum
Do farishta-e-hayaat ko khush aamadid kehte hain hum

....

11. SAFAR

Hargiz main safar main hun, meri manzil Ehd-e-wafa hai
Tum bhi safar k saathi ho apni daastan jaan lo
Sheh Savaar Bano jo khud k dum par chalo
Tiflon k toh aksar imaan bhi bik jaaya karte hain,

Na mukaam k maalik ho, na makaan k maalik
raah-e-safar bar haq hai tum par bhi aur mujh par bhi
Har jaanib ek naya shaahid-o-shaaki hai
Tum ahtram-o-khuloos se qufl-e-abjad suljhana

Mera safar kabhie na tumhara hoga na tum uspar chaloge
Tumhe apna safar te karoge, Mere bagair
Haan magar uske sath jo Khuda-e-Qaayenaat zarur hoga
Aur jab waqt-e-maut aaega tabhie khulega woh alam-e-imaan
Jahan theherti hain Manzil humari,safar humara ...

12. HARF-E-ALIF ---THE JOURNEY FROM BEGINNING TO END

Alif kuch muktalif sa khada hai
Mire noor-e-nazar iska bhed samajh ye bada gehra hai
Mafik hai ye ehd-e-sutun kai
Na khauf ise toofanoien ka na zawal ka andhera hai
Ye harf nhi yeh zarf hai kamaal ka
Ye hai jawaab har sawaal ka,

Main kuch kahun tu kuch likhe
Is baab-e-ilma ka raaz zara gehra hai
Ye sabak hai "Aagaz se Aakhirat" ka
aur beech mai farz anek
Ise na samajhna mehz rakht-e-safar, ye hai ibtida jahaan ki
Ye hai khaab har daur-e-daaman ka

13. DADY KI BETI

Meri zindagi ka qissa-o-tamaam aap ho dady
Meri zindagi ka doosra naam aap ho dady

Aap hi zindagi meri aapse judaa har pal hai
Aap hi meri raahien meri manzil bhi aap ho dady

Jab bhi ladkhadai main raahoien aapne hi tha sambhala
Aap hi mera josh,mera junoon mera toh zarf hi aap ho dady

Darr si gai thi main jab duniya k andheron se,aapne hi ujaaloien se waakif karaya
Aap hi mera sukoon,aap hi meri ibadat,aap hi mera imaan ho dady

Mere har khaab ho palkoien pe sajaya aapne
Hamesha beti kehkar beta banaya aapne

Ek ek din apni zindagi ka hum par qurbaan kiya
Girkar kaise uthna hai ye Andaaz bayan kiya

Na in baatoien ko bhulaane ka sabab hai na ehsaan
chukaane ka dum
Bas aapki khwahishoien ko haqeeqat main tabdeel karna
yahi hai Aakhir-manzil-e-safar

Roshan aapse hai sar zameen humari
Aapse saari khushiyaan aur pehchaan hai humari

Koshish ab yahi h ki aapke kadmoien main sara jahaan
bicha den
Haasil karke woh mukaam chehra aapka khila den
Humari zindagi ki shaan sirf aap ho dady ...

14. ILM KI DAULAT

Kon kuch laya h goya is jahaan main
Yahan ki riwayat hai, Ilm-o-mijaaz hi sath jaaega
Narm lehza aur meethi zubaan ki aazmaish hai
Baaki jo kuch hai yahin reh jaaega,

Ye duniya badi be-his hai,kisi se iltifaat ise kahan
Tu mila ye uski, woh mila main uska
Yehi yahan ka usool hai ,jo na mila woh fizool hai
Ban baithe hain hum mazaazii khuda ,bhoolkar apna paasbaan

Ilm jo paoge, milegi har manzil jo chahoge
Iska koi hissedar nhi hai kyunki ye bekaar nhi h
Ilm hoga toh nutq-e-himmat hogi
Na hoga ye toh berang tumhara har saaz hoga
Phir chahe tum awaaz do koi na tumhare paas hoga

Ilm hasil karo aur bano taaleem yaafta
Ye woh daulat hai jo sirf tumhari hai
Aur jab alvida kehne ka mausam aaega

Toh ye Ilm-o-deen hi Akhlaq k taur par sath jaaega
Jab karne baithega woh hisaab-e-bandagi
Yaqeenan naam tumhara khudavand ki rasad main jana
jaega ...

15. AITRAAF

Kuch samajh rahi hun
Kuch samajhna abhi baaki hai
kuch kar gurzarne ki chaah main
Bohot raastoien par chalna abhi baaki hai

Kabhie raahien ulajh padti hain
Kabhie manzil dhundli padh jaati hai
Main is dor se aage kaise niklun
Mire khaabon ki taamir toh abhi baaki hai

Jo karte hain shidat-e-nafrat mujhse
Unse gila kaisa aziyat kaisi hai
Aur jo uthae hue hain haath baargaah-e-khuda main
Kuch unke liye hi mera mujhko samajhna abhi baaki hai

Ki manzil abhi baaki hai
Daastaan abhi aadhi hain
Main likhne chali hun apni hi kahaani
Aur is kirdaar ka ikhtitaam abhi baaki hai ...

16. TEHREER-O-TAFSEER

Ye Harf-e-muqaddar hi hai jo bayan ho chuka Hai
Warna har kirdaar apni Kahani ka Badshah hota

Qalam toh bayan kar chuka raaz lekin
Mere adron par sil chuki thi daastan poori

Aur phir kuch yun hua jo tasavvur se bilcul pare tha
Mujhse dur ja chuka tha sarmaya mera

Ab Humne tasavvur karna hi chor diya
Waqt k zaar main khud ko ab mor liya

Kuch yun samjhi main tafseer zindagi ki
Ye saari kashmakash hai mehz safar-e-zindagi ki

Aur phir ek mawsada tayyar hua
Jahan rah-e-haq par chalne ka elaan hua

Phir yun chali main jaanib-e-manzil
Keh khatm ho gai saari rah-e-gar

17. QALB-E-MOMIN

Jo rab ko pehchaane woh hi khudi ko maane
Qalb-e-momin ka aain jo har bhed jaane

Barson se jala hai jo dil noor-e-azal main
Ab kahan phirta firega is sifar k nagar main

Lau jalae rakhi tumne sifat main rab ki
Koi tumhare kooche se roshni kya churaega

Zulmat-o-sitam bhi khafa hain tumse
Aakhir momin k dil par kon raaz karega

Jahan thak jaoge ruk jaoge bikhar jaoge
Wahin se woh safar ka nigehbaan banega

Tum bhi qalb Ki lau jalae rakhna
Momin sune koi ayse dikhlai padna

Tumhe bhi duniya tumhari hikmat se jaane
Yaqeenan tum aysa koi kaam karna

18. UMMEED

Kabhie khaab likhne chahe toh kabhie khaab ukerne chahe
Magar kabhie shabdon ne rok diya toh kabhie jazbatoon ne
Par aaj kalam thaam hi li aur chal padi apne khaabon ki taameel karne

Ye haqeeqat khayaloien se bilcul pare hai
har ache se achai nhi hai
Har aur chal aur kapat se bhari nigahen hainn

Par is kaargaah-e-dahar main bhi ek achai hai Aur woh hai tumhari ummeed
Aur jab tak tum zinda ho tab tak tumhari Ummeed zinda hai
Isliye inhe marne mat dena

Kyunki ye hi tumhe maut tak zindagi ka ehsaas dilati rahegi...

19. MERE PEHLE USTAAD : MERE WALID

MERE AANE SE PEHLE KIYA AATH SAAL LAMBA INTEZAAR
AUR MERE AANE PAR ROSHAN HUE GUL-O-GULZAAR
CHOTI THI TOH UNGLI PAKAD KAR CHALI
BADI HUI TOH NAAZON MEIN PALI

HUKM HUA JAB PADNE KA TOH PEHLE MADARSA AAP BANE
MERE USTAAD MERE WALI MERE DADY BAS AAP BANE
KABHIE DARTI KABHIE MUSQURATI
BAS FORAN AAPKI GOD MEIN AAJATI

MERI NARAZGI PAR HAMESHA MANAYA AAPNE
SAHI GALAT MEIN FARK SAMJHUN SIKHAYA AAPNE
MOHABBAT AUR MEETHI ZUBAN YE TOH AAPKI VIRASAT HAI
CHOTON SE PYAAR AUR BADON KA EHTRAM SADA

SIKHLAYA AAPNE

MERI JALTI ROTIYON KO BHI KHAYA
MERI HAR NAI KOSHISH KO SARAHA
MUJHE KABBHIE NA HAARNE DIYA
KISI SE KAM MUJHE KABHIE AANKNE NA DIYA

BETA AUR BETI KE TARAZU MEIN JAB AKSAR
AAPKO TOLTE THE
MERI BETI MERA BAAZU HAI KEHKAR SABKO AAP
TATOLTE THE
HAR KISI KE LIYE AAP EK SABAK KI MAANIND THE
MAIN BAS PADNA CHAHTI THI AAPKO! AAP AUR
KOI NHI MERE WALID THE ...

20. DOST

Dost hun imtihaan mera bhi lo
Woh zurm mera ho na ho
Naam mera bhi lo
Main dost hun imtihaan mera bhi lo

Zaruri nhi paak daaman hi niklun
Galat hun toh sudhar jaunga
Naam mera bhi lo
Main dost hun imtihaan mera bhi lo

Daaman par daag bhale mere na ho
Par baat jab insaaf ki ho
Naam mera bhi lo
Main dost hun imtihaan mera bhi lo

Waaiz nazar ata hun tumhe toh kya
Khata kiski thi ho ye sawaal
Naam mera bhi lo
Main dost hun imtihaan mera bhi lo

Dard ki koi toh zubaan hogi bayaan toh karo
Dawa ya dua hogi ayaan toh karo
Par naam toh lo
Aree! main dost hun imtihaan mera bhi lo ...

21. EK PAIGAAM NAAMA NIGAARON KE NAAM

Tumhare alfaaz sacchai ki daleel jaane hain
Tumhari khabar ko tehkeek ka jaama maane hain
Dikhai jo tasveer tumne use haqeeqat maane hain
Pehredaar tumhe zamana isi liye toh maane hain

Fir kya hua tumhe kyu tum badal gae ho
Alfaaz , khabar, tasveer sab rang gae ho
Fiza mein ek ajab sa zehr ghol gae ho
Kyun imaan apna chand tukdon mein bech gae ho

Jamhuriyat ke chauthe sutoon bane ho
Ye kaunsi qalamkaari kar rahe ho
Jis qalam se haq ki zubaanat likhte the
Dar se use hi bech kha rahe ho

Baaz aa jao kudrat andekha nhi karti
Kiski kya hai hasti, kabhie dekha nhi karti
Mita deti hai nishaan bhi Zulm-o-sitam ke

Barasti hai toh ghar kiska hai dekha nhi karti ...

22. KUCH KAL KI FIKR KUCH AAJ KI TALAB

FIKR-E-FARDA MEIN KUCH AFSURDA SE HO
KAL DEKH AAE HO YA AAJ MEIN KHO RAHE HO

SOCH KI BAAT HAI JO LAFZ KAM PADH GAE
AB KIS NAE EHSAAS KE BEEJ BO RAHE HO

AAKHIRAT TOH HAR HISSA-E-KAAYENAT KI HOGI
SUNA HAI MAUT KI TASBI PAR JEENA SEEKH RAHE HO

YE CHIRAAG-O-CHAMAN ABHI TERE MUNTAZIR HAIN
TUM AB BHI KIS KHAYAL-E-GIRAN MEIN KHO RAHE HO

IZN-E-SAFAR TOH HAI ,PAR KAHAN JAAEGA DIL
SAYA-E-UMR KYU SATH HI DHO RAHE HO

IKHTITAAM-E-SAFAR

MAIN TOH BAS EK KALAM HUN, USNE MUJHE CHALAYA HAI BAAD-E-KHUDA, MERA HUNAR, MERE WALID KI DUAOIEN KA SAAYA HAI.

MILENGE PHIR KISI NAE SAFAR KE AAGAZ PAR

.......ALVIDA

MUSHKIL ALFAAZ KE MA'ANI

Ba-izzat-e-sharf - Possessing the dignity of greatness
Ehad- Promise
Mustaqil- Something which is permanent or steady
La faani- Immortal, eternal, or imperishable
Ibtida- Beginning
Tehreer - The act of setting ink to paper, to pen down something
Alamgir - All-encompassing, world-conquering
Aagaz-e-sukhn-e-safar - the beginning of the journey of words: sukhn - The art of talking
Urooz - Rise
Zawaal - Decline
Daastangoi - The ancient art of oral storytelling
Sargoshi - A whisper
Silsila-e-mehnat - An unbroken series of struggles
Adsaah - lens
Makhroot-e-mustawi - prism or maybe a right circular cone
Sifar - Zero

Muzmar-Conceled or hidden

Gam-gusaar - Comforter or consoler

Koh-e-kaaf - A lonely or inaccessible place or abode of giants and fairies

Maaaz - In the protection of

Zarra-e-pareshani - an atom of worry

Eajaaz - something that defies logic or nature

Mafakat-e-amal - The state where your actions are in perfect agreement with your words

Dil-e-na-karda-kaar - An unpractised heart in terms of love and pain

Ilhaam -intuition

Shart-o-dhaam - The cost of entry for love, success, or art

Hashr-e-maidaan - The vast field where every soul is gathered to answer for their Amaal

Pul-e-siraat - A bridge thinner than hair and sharper than a sword, which every soul must cross on the day of judgement

Khuda-e-wisaal - The day of meeting with the Almighty

Miskeen-o-yatama -The helpless ad orphans

Muflison -The extremely poor or needy

Mushfikon - The kind-hearted ones and sincere well-wishers

Unwaan - Sharp and defining point of entry

Saa'at - Heartbeat of time

Yak lakht - In one single moment

Fareeza-e-ubbuwat - The sacred duty of fatherhood

Qaul-o-qaraar - A solemn promise
Baar-e-giraan - A heavy burden
Laa zawaal - something that is beyond the reach of time and destruction
Uns-o-mohabbat - A bond of deep love and intimate companionship
Ehd-e-wafa - A vow of loyalty
Tifl - young child
Shaahid-o-shaaki - the witness and the complainer
Baab-e-ilm -The gate of knowledge
Be-his -cold-hearted
Iltifaat - to draw attention towards something or to give importance
Nutq-e-himmat - the speech of courage
Ikhtitaam - the conclusion
Adr- lips
Qalb-e-momin - the heart of the true believer
Noor-e-azal - The eternal light
Kaargaah-e-dahar - The workshop of the world or the factory of time
Tehkeek -Inquiry
Jamhuriyat -Democracy
Fikr-e-farda - The worry for the unseen tomorrow
Khayal-e-giran - A heavy thought
Izn-e-safar - Command to depart

www.ingramcontent.com/pod-product-compliance
Lightning Source LLC
Chambersburg PA
CBHW070648240926
51846CB00003BA/826
* 9 7 8 9 3 7 3 1 4 2 7 9 1 *